Une pièce espagnole

Yasmina Reza

Une pièce espagnole

Albin Michel

© Éditions Albin Michel S.A. et Yasmina Reza, 2004
22, rue Huyghens, 75014 Paris
www.albin-michel.fr
ISBN 2-226-15069-2

pour Luc

Aucune mention spécifique de décor.
Egalement, ne sont (presque) pas indiqués
dans le texte les indispensables silences et
temps.

Les passages entre la pièce espagnole et les
apartés des acteurs doivent se faire sans
rupture ; il faut jouer « legato » comme
on dit en musique.

Par ordre d'entrée :

FERNAN, *entre 55 et 60 ans.*
PILAR, *entre 60 et 65 ans.*
NURIA, *fille de Pilar, environ 40 ans.*
AURELIA, *fille de Pilar, entre 40 et 45 ans.*
MARIANO, *mari d'Aurelia, 50 ans.*

1. Interview imaginaire.

ACTEUR (qui joue Fernan).
Les acteurs sont des lâches.
Les acteurs n'ont pas de courage.
Moi le premier.
Les qualités humaines habituelles dans le monde normal sont contraires au bien de l'acteur.
Toute ta vie tu exerces une activité de femelle, tu veux être désiré, tu veux plaire.
Quand on a dit à mon père, il veut être acteur, il a répondu, ah bon il veut être pédé.
Les acteurs sont devenus des notables. On leur demande leur avis sur l'immigration et les OGM.
Ce sont des notables, ils sont célébrés et res-

13

pectés. Nous, quand on s'est lancé là-dedans, c'était une déchéance pour nos familles.

Les actrices étaient des putes. Des vraies roulures, elles étaient maîtresses de ministre, elles allaient de lit en lit.

Elles sont devenues des bourgeoises.

Il y en a même qui sont catholiques. Il y a cent ans, elles étaient excommuniées, elles ne sont pas rancunières.

En ce moment, je répète une pièce espagnole d'Olmo Panero. J'interprète un gérant d'immeuble, un veuf, qui entame une liaison avec une femme plus âgée que lui qui a deux filles actrices.

Un homme bon et ennuyeux.

Une composition.

Je me flatte, n'est-ce pas, de n'être, dans la vie réelle, ni bon ni ennuyeux.

Bien que je ne puisse dire exactement en quoi consiste la vie réelle. Quand tu quittes un personnage et ses alentours, tu as plus de nostalgie que si tu avais quitté un lieu réel.

La vie réelle est lente et vide.

J'ai une grande scène de séduction dans cette pièce, il n'y a que moi qui parle.

Ma partenaire ne dit pas un mot, pour ainsi
dire, et rafle la mise,
elle n'ouvre pas la bouche et on ne voit qu'elle.
Je lui sers la scène sur un plateau d'argent.

2. Pièce espagnole.

Scène de séduction. Chez Pilar.
Fernan et Pilar.

FERNAN. La phrase la plus courante, vous l'avez
peut-être prononcée vous-même Pilar, c'est :
que fait le syndic, le syndic ne fait rien. Soit
nous sommes trop au bureau et pas assez dans
les immeubles, soit nous sommes dans les
immeubles et on nous reproche d'être injoi-
gnables – les copropriétaires ne veulent pas de
la secrétaire – une récrimination qui va s'aggra-
vant car je n'hésite pas à le dire, la multiplica-
tion des moyens de communication assassine
la communication : le fax ou l'e-mail ne font

15

que s'ajouter à la lettre et au téléphone. D'où :
le syndic ne répond jamais, le syndic ne rap-
pelle jamais, les adverbes jamais, toujours, rien,
on ne s'en prive pas. Le problème c'est qu'on
ne nous apprend pas à gérer les gens. Faire
respecter des lois est difficile mais gérer des
gens ! Dans notre activité, il y a deux aspects
antagoniques. Un aspect commercial, donc
nécessairement psychologique, et un aspect
professionnel qui consiste à faire son métier
envers et contre tout. Pour moi qui viens d'un
autre univers, univers littéraire et philoso-
phique, la question est : face aux nouveaux
impératifs de rentabilité et de productivité,
comment marier cet héritage à mon activité
concrète, comment rester un humaniste ? Les
gens réclament mais ne connaissent ni leurs
droits ni leurs devoirs. Vous devez com-
prendre Pilar, que le gérant, l'administrateur
de biens, qui entre parenthèses sont les descen-
dants directs des *régisseurs*, les Oncle Vania
d'aujourd'hui en quelque sorte, sont obligés,
en sus des compétences minimales de base
indispensables qui vous étonneraient, d'être
des pédagogues.

16

PILAR. Bien sûr.

FERNAN. Vous avez une idée des compétences de base indispensables pour être gérant ?

PILAR. Non.

FERNAN. Non. Personne n'en a idée. Eh bien, je me fais fort de vous surprendre Pilar, le gestionnaire doit avoir des compétences en comptabilité (compte de copropriété, compte locatif, compte de gérance, comptabilité des fournisseurs), en fiscalité (fiscalité immobilière), en droit social et salarial (la concierge, la femme de ménage, le jardinier), en droit des assurances pour la gestion des sinistres, des compétences juridiques, si vous saviez le nombre de contentieux avec procès à la clé et quelquefois sérieux.

PILAR. C'est incroyable.

FERNAN. Des compétences techniques Pilar, qui sont celles que les clients aimeraient qu'on ait et qu'on a le moins, on les acquiert sur le tas avec les entreprises, c'est très important d'aller sur les chantiers, je dis toujours le bon gérant se forme sur les chantiers.

PILAR. Bien sûr.

FERNAN. Le syndic est soumis à tellement de pressions contradictoires que ça m'a appris, en dépit de mon côté passionné, l'usage de cette flèche immobile : la neutralité.

PILAR. Je comprends.

3. Dialogue imaginaire.

ACTRICE (qui joue Pilar).
Je ne supporte pas d'être engoncée, je ne mets jamais de col roulé, je ne mets jamais de collier, je ne mets même pas de collier Françoise, je ne mets rien autour du cou, je ne peux pas jouer avec un jabot ! J'ai l'impression d'avoir un goitre, pourquoi faut-il que Pilar soit coincée, je suis une femme séduisante Françoise, je suis une

femme qui séduit un bel homme veuf qui a
toutes les femmes qui pépient autour de lui,
vous savez bien qu'un homme seul à partir d'un
certain âge a l'embarras du choix, pour moi une
femme qui va à son premier rendez-vous dans
cette tenue a perdu la tête Françoise, je vous le
dis franchement avec tout le respect que j'ai
pour votre talent, je sais bien que vous êtes une
costumière renommée, je veux bien fermer les
yeux sur le tailleur rouge qu'entre nous je désap-
prouve car vous ne m'enlèverez pas de l'idée que
vous avez habillé Pilar en rouge uniquement
parce qu'elle est espagnole, je veux bien fermer
les yeux sur le tailleur rouge du jardin — encore
qu'une femme de mon âge, même espagnole,
qui a un tant soit peu d'élégance et qui a été
réceptionniste dans un grand salon de coiffure,
n'aurait pas l'idée de se mettre en rouge, ou alors
le soir au restaurant, mais non dans la journée
pour se promener — je ferme les yeux sur le tail-
leur mais je ne peux les fermer sur le chemisier à
col jabot de dentelles que vous appelez col Dan-
ton comme si ce mot était de nature à me rassu-
rer, de même que les mots voile, nuage, tissu
arachnéen que vous assortissez d'un mouve-

19

ment de main et de bras en forme de corolle, qui entre parenthèses m'horripile, pouvaient bannir la sensation d'étranglement que j'ai éprouvée hier lorsque nous avons répété pour la première fois en costume la scène dite de séduction, une scène plutôt comique au premier abord que nous devons jouer avec la plus touchante vérité, or ce n'est pas en me sentant le duc de Guise que je peux m'attendrir comme n'importe quelle femme sur l'étendue des compétences d'un administrateur de biens, vous remarquerez que je n'ai rien dit au metteur en scène Françoise, il n'y a rien de positif dans cette abstinence, il pencherait de votre côté, un acteur qui émet une réserve sur son costume est aussitôt soupçonné d'être mal à l'aise dans son personnage alors que je suis très l'aise dans Pilar, d'ailleurs je suis très à l'aise dans vos autres costumes Françoise, vous l'avez noté, même dans le tailleur rouge au fond, vous avez pris le parti des couleurs crues et je vous suis, le chemisier aussi me convient, je vous suggère juste à la place du col Danton un petit col Claudine, un mi-chemin entre le strict et le féminin, Françoise essayons de ne pas être chacun pour soi, pensons au théâtre, pensons à Pilar, pensons à Fernan, à leur maladresse, pensons à l'amour qui s'installe par touches bancales.

4. Pièce espagnole

Un jardin public.
Sur un banc, Aurelia et Mariano, avec lunettes de soleil.
Sur les genoux d'Aurelia, un magazine féminin (espagnol bien sûr).

MARIANO. Lola, rends la pelle au petit garçon !

AURELIA. N'interviens pas, laisse-la vivre sa vie.

MARIANO. Elle a déjà sa pelle, elle n'a pas besoin d'avoir deux pelles.

AURELIA. Laisse-les se débrouiller. Les parents ne doivent pas se mêler.
Tu crois qu'ils sont ensemble ?

MARIANO. Qui ?

AURELIA. Nuria et Gary Tilton.

MARIANO. Montre.

AURELIA. Elle dit que non mais ils ont l'air ensemble. Il est vraiment mignon lui.

MARIANO. Fais voir.

AURELIA. Quelle salope.

MARIANO *(regardant la revue)*. Teint et body-buildé.

AURELIA. Toi aussi tu es teint.

MARIANO. Hurle-le.

AURELIA. Pourquoi il serait teint, il a à peine quarante ans.

MARIANO. Cinquante, au moins.

AURELIA. Gary Tilton a quarante ans Mariano.

MARIANO. Laisse-lui le râteau au moins ! Laisse-lui le râteau. Lola !

AURELIA. Elle parle de moi... « Ma sœur est plus

rare que moi, je l'ai toujours admirée, j'ai voulu
faire ce métier parce que je l'admirais, je voulais
la copier, j'ai toujours pensé qu'elle avait plus
de talent que moi... »

MARIANO. C'est gentil.

AURELIA. Sous-entendu la pauvre n'a pas eu ma
chance. Ça n'a rien de gentil. Démagogie,
condescendance, et pitié.

MARIANO. Ridicule.

AURELIA. C'est fascinant de pouvoir dire ma
sœur est plus rare que moi quand je sais très
bien qu'elle pense qu'il était naturel que je
m'encroûte avec un prof de maths, étant donné
mon tempérament de ménagère, dixit Cristal
et je la crois. Cristal dit qu'elle a dit maîtresse
de maison mais moi je traduis ménagère,
quand elle m'appelle c'est pour savoir si Prica
livre le samedi matin ou si elle doit mettre de
l'amidon dans la machine, elle ne m'appelle
jamais pour autre chose, c'est la ménagère
qu'elle appelle. Les gens dont on dit qu'ils ont
plus de talent que vous, sont les gens qui ne
vous font aucune ombre. Au fait Cristal a pris

un amant. Au bout de deux jours le type l'aime trop, ne dort plus, ne mange plus et ne veut plus la voir pour éviter de souffrir. La pauvre qui avait recommencé à s'épiler et à s'intéresser à elle. Je lui dis mais enfin Cristal qui veut d'un type qui ne dort plus et qui ne mange plus ? Personne ne veut ça, on veut un type qui dort, qui ne pense pas à vous et qui vous démolit. Elle dit oui bien sûr, d'autant qu'en voiture il me labourait le genou, j'ai failli le claquer, j'ai dit pourquoi il te labourait le genou, elle me dit tu sais ce genre de caresse horripilante que les types font d'une main en conduisant, mais j'avais franchi le pas, je m'étais créé une trouée d'air, tout ça pour repartir nez à nez avec Anibal qui n'a rien trouvé de mieux que de prendre sa mère chez nous pendant ses travaux. La mère d'Anibal mange une baguette entière au petit déjeuner. Cristal me dit qu'elle avance à chaque fois une sorte de bras saccadé par-dessus la table, comme pour passer inaperçue.

MARIANO. Elle le tape avec le râteau.

24

AURELIA. Lola, tu ne tapes pas chérie ! Tu ne tapes pas le garçon avec le râteau !

Elle se précipite vers leur enfant.

5. Confession imaginaire.

ACTEUR (qui joue Mariano).
Je répète une pièce d'Olmo Panero.
Je joue Mariano.
Un prof de maths qui a épousé une actrice.
Un type mou et sans moralité.
Sans moralité est séduisant.
Mais dans mou et sans moralité, c'est mou qui l'emporte.
Le sans moralité est la conséquence du mou, de sorte que sans moralité n'a plus aucune ampleur.
Quand vous jouez un mou sans moralité, vous pouvez vous contenter d'être seulement mou,

il n'y a plus aucune dimension active dans le sans moralité.

C'est dommage.

Donc je suis l'acteur qui joue Mariano.

Un mou.

Un type sans volonté donc sans moralité.

Car on ne peut pas s'attendre à une moralité sans volonté.

En revanche, je pourrais être sans moralité sans être dénué de volonté.

C'est sur cette hypothèse que je fonde mon regret.

6. Pièce espagnole

Aurelia et Mariano, toujours au jardin.

AURELIA. Tu pourrais m'adresser la parole de temps en temps.

MARIANO. Pour dire quoi ? J'ai un sentiment

26

de mort ici. J'endure la vie de tes sœurs en regardant des êtres informes se vautrer dans un sable dégueulasse et gueuler pour un râteau.

AURELIA. Tu veux qu'on se promène ?

MARIANO. C'est pire.

AURELIA. Qu'est-ce que c'est ? *(Mariano a sorti une flasque de sa veste.)* Qu'est-ce que tu fais ?

MARIANO. Du cognac.

AURELIA. Tu sors avec ton cognac maintenant ? Depuis quand tu fais ça ?

MARIANO. Depuis toujours.

AURELIA. Tu bois Mariano ?

MARIANO. Je ne bois pas.

AURELIA. Mais si tu bois !

MARIANO. Je ne bois qu'en réaction.

AURELIA. En réaction à quoi ? Mariano, tout le monde te voit ! Coucou !... Dis-lui coucou !

MARIANO. Coucou !...
C'est inhumain ce qu'on fait là.

AURELIA. Qu'est-ce qu'on fait ?

MARIANO. Etre là, c'est inhumain. Bois un petit coup. Tu verras que la journée sera plus légère. *(Il lui tend la flasque qu'elle repousse.)*

AURELIA. Je suis épouvantée.

MARIANO. Et moi je suis épouvanté par ta capacité à affronter des après-midi de ce genre.

7. Interview imaginaire.

ACTRICE (qui joue Nuria).
Ma tête non, mon corps oui, un peu, mais ma tête non je la vois pas, je ne la comprends pas, si je suis belle ou laide, je ne le sais pas, dans une certaine glace mon visage est beau, enfin ressemble à un visage que je trouverais beau, dans d'autres il est affreux, et je me dis c'est le mien,

28

c'est ça que je suis et que je dissimule de mon mieux,

pareil sur les photos ou dans les films, la plupart du temps moche et quelquefois pas mal, je dirais pas belle, mais avec du charme, un charme perceptible par moi comme étant du charme, et peut-être bien un charme à moi, celui que d'autres voient,

une tête trop variable pour s'en faire une idée, peut-être que je voulais être actrice pour m'en faire une idée.

Je n'aime pas les interviews.

J'en donnais des milliers, autrefois, devant personne,

quand je rêvais d'être quelqu'un.

Je n'aime plus les vrais.

D'ailleurs le vrai est moins intéressant, d'une manière générale.

.

8. Pièce espagnole

Pilar et Nuria.
Pilar regarde le même magazine qu'Aurelia.

PILAR. Ah voilà, là tu es belle, tu vois comme c'est merveilleux quand tu as les cheveux défaits, tu parais dix ans de moins.

NURIA. Et là ?

PILAR. J'aime moins.

NURIA. C'est une photo du film.

PILAR. Tu as un chignon dans le film ?

NURIA. Oui.

PILAR. C'est dommage.

NURIA. C'est pas dommage, c'est le personnage !

PILAR. Et le personnage a un chignon tout le temps ?

NURIA. Tout le temps.

30

PILAR. C'est dommage qu'on ne voie pas tes cheveux.

NURIA. Maman, on se fout de mes cheveux !

PILAR. Tu ne vas pas commencer à me crier desssus comme ta sœur. Tu sais comment elle me désigne maintenant, elle dit *celle-là*. Je fais une réflexion sur Lola, qui entre nous se tient de plus en plus mal, je fais une réflexion sur le portable de Lola...

NURIA. Elle a un portable !

PILAR. Elle a un portable. Un faux. Mais qui est pire qu'un vrai au niveau du bruit, j'estime qu'on devrait lui confisquer le portable en société, elle dit à Mariano ma fille me tue et *celle-là* me fait des leçons d'éducation. C'est normal d'après toi Nuria ?

NURIA. Tu la connais.

PILAR. J'ai raconté ça à Fernan qui est d'accord que ce n'est pas normal.

NURIA. Tu lui parles de nous ? Pourquoi tu lui parles de nous ?

PILAR. De quoi veux-tu qu'on parle ? On parle de nos vies.

NURIA. Je te défends de lui parler de nous.

PILAR. Tu ne me défends rien du tout, et si tu ne veux pas qu'on parle de toi, déjà ne fais pas d'article dans les journaux.

NURIA. C'est mon métier maman, ça n'a rien à voir.

PILAR. C'est ton métier, et moi c'est mon métier de parler de mes enfants à mon fiancé.

NURIA. A ton fiancé !

PILAR. Tu veux que je dise comment ?

NURIA. Maman, ne dis pas *mon fiancé* même pour rire !

PILAR. Et pourquoi ?

NURIA. Parce que c'est ridicule maman.

PILAR. Oui, peut-être. Mais tu vois moi je trouve ça joli. Je trouve ça joli mon fiancé à mon âge et je me fiche du ridicule.

NURIA. Et lui il dit *ma fiancée* ?

PILAR. Non. D'ailleurs je ne sais pas ce qu'il dit, je ne sais pas comment il parle de moi. Bon, alors, laisse-moi lire...
Je vais aimer ce film moi ?...

NURIA. Non.

PILAR. Pourquoi je n'aimerais pas ?

NURIA. Parce que tu n'aimes pas ce genre de film.

PILAR. On ne rit pas ?

NURIA. Pas du tout.

PILAR. C'est dommage. Les gens aiment rire.

NURIA. Eh bien ils ne riront pas.

PILAR. C'est dommage.

NURIA. Oui.

PILAR. Et Gary Tilton, il est reparti à Hollywood ?

NURIA. Maman qu'est-ce que ça peut te faire ?

PILAR. Un de ces jours tu vas être appelée par Hollywood. Comme Penelope Cruz.

NURIA. Quand j'aurai cinquante ans, pour faire sa mère.

PILAR. Retiens ce que je dis, tu verras.

NURIA. Vous comptez vivre ensemble avec Fernan ?

PILAR. Je ne sais pas. D'abord j'aimerais qu'il vous plaise. Tu me diras s'il fait plus jeune que moi. Quel dommage que Cristal soit clouée à Barcelone. J'aurais aimé avoir mes trois chéries. Je ne vous ai plus jamais toutes les trois.

NURIA. Je parle d'Aurelia dans l'article.

PILAR. Où ça ? Ah ça c'est bien. C'est gentil ce que tu dis. Ça va lui faire un plaisir fou. C'est vrai qu'elle a beaucoup de talent ta sœur.

NURIA. Plus que moi ?

PILAR. On ne peut pas comparer mon trésor. Toi tu as la beauté en plus.

9. *Interview imaginaire.*

ACTRICE (qui joue Nuria).
Dans les vrais interviews, on ne peut pas jouer
comme on veut, on finit par transiger,
on a la trouille.
Je voulais jouer Sonia. Dans Oncle Vania.
C'était le rôle que je voulais jouer.
Mon rêve à moi, quand j'étais jeune.
L'oubliée, la mal-aimée.
La moche.
Elle aime un homme qui ne la regarde même
pas.
A un moment donné elle demande, quand
reviendrez-vous, il répond, je n'en sais rien,
elle dit, faudra-t-il attendre encore un mois ?
Je savais dire ça,
je savais comment il fallait le dire,
mieux que personne,

les personnages sont ceux que nous sommes,
mieux que nous,
le reste de ma vie,
le succès,
l'idée qu'on se fait de ma beauté,
n'ont jamais recouvert Sonia Alexandrovna.
Je ne l'ai jamais jouée.
On veut très fort vivre une chose, qui est à
portée de main, et puis le temps passe,
un jour il est trop tard,
on se laisse quelque part,
dans des pages.
Dans une mise en scène de *La Mouette* on
voyait petit à petit reculer la maison et le théâ-
tre de plein air,
quand j'étais petite, dans le train, je jouais à
penser que c'était le quai qui partait,
j'essayais de tenir le plus longtemps possible,
les panneaux, les arbres, les maisons,
ça me fait penser à ce vers de Virgile : « Les
terres et les villes reculent. »
Au fur et à mesure du temps, des mondes qu'on
aurait voulu habiter,
s'en vont,
à la dérive.

36

Je répète une pièce espagnole, une comédie
familiale, dans laquelle je joue le rôle d'une
actrice.
C'est bizarre d'interpréter une actrice,
j'ai l'impression de devoir *signaler* que c'est une
actrice,
le metteur en scène dit, contente-toi d'être toi-
même,
mais c'est quoi moi-même ?
C'est quoi moi-même-actrice ?
Ça existe ?
Dans ma chambre, j'ai une photo.
Des acteurs arrivent sur un plateau nu, regar-
dent un paysage qui n'existe pas.
Ils sont perdus,
pas vraiment perdus,
désorientés,
ils s'affolent pour un rien, on peut leur faire
croire n'importe quoi.
C'est ça que j'aime,
les gens qui vont d'un endroit à l'autre,
en diagonale,
ils traversent un fleuve,
ils vont d'un âge à un autre,
ils ne marchent pas dans le temps réel...

10. *Pièce espagnole.*

Mariano et Aurelia.
Chez eux.
Mariano, une brochure à la main, donne la réplique à Aurelia.

MARIANO. *Vous me troublez. (Un temps.)*
Vous me troublez.

AURELIA. Il le dit deux fois ?

MARIANO. Non, mais tu ne répondais pas.

AURELIA. Parce que je laisse un temps. Vous me troublez.

MARIANO. *Vous me troublez.*

AURELIA. *(Un temps.) Chaque mardi, monsieur Kiš, je traverse le fleuve pour venir chez vous, et sur le pont chaque mardi, j'envisage ce que*

38

nous pourrions étudier après le Mendelssohn. Ensuite je m'assois sur ce siège inconfortable, je prends soin de me reculer pour vous mettre à l'aise. Je ne sors jamais de ma sacoche les partitions que j'ai apportées car vous ne faites aucun progrès. J'apprécie la courbure de votre nuque et votre application d'enfant, et je m'apprête à prononcer les mots définitifs qu'un professeur normal prononcerait.

MARIANO. *Quels mots ?*

AURELIA. *Puis vous dites vous me troublez, d'autres fois vous étiez troublé par le froid ou par le métronome, avouez que ce n'est pas la même chose d'être troublé par le métronome, a-t-on raison d'employer le même mot, d'autant que vous ne vous retournez pas, vous dites vous me troublez sans vous retourner, ni vous ni moi ne bougeons.*
(Un temps.)

MARIANO. « Voulez-vous que nous abandonnions le Mendelssohn ? »

AURELIA. Je sais, mais laisse-moi mettre un temps ! ... *d'autant que vous ne vous retournez* pas, vous dites vous me troublez sans vous retourner, ni vous ni moi ne bougeons. *(Un temps.)* Voulez-vous que nous abandonnions le Mendelssohn ?

MARIANO. *Mademoiselle Wurtz, vous qui m'observez de dos, avez-vous remarqué que je me tenais légèrement penché d'un côté, que je m'affaissais sous le poids d'une pression invisible : c'est votre main mademoiselle Wurtz, votre main confiante posée sur mon épaule. J'agonise.*

AURELIA. *Monsieur Kiš, je me tiens vous le savez, de façon immensément passagère. Voulez-vous que nous jetions aux orties ce Mendelssohn et tout ce qui doit nous assombrir ?*

MARIANO. Qui peut aller voir ça ?

11. Confession imaginaire.

ACTEUR (qui joue Fernan).

Olmo Panero a traversé les Pyrénées pour nous dire que les mots étaient des parenthèses de silence.

Avant d'articuler cette phrase, il s'est assis au fond de la salle, sur le côté, dans l'angle mort de la lumière de service.

Il est ce qu'on appelle un jeune auteur.

Un garçon qui a un certain succès dans son pays.

Un jeune auteur, bien qu'il ne soit pas spécialement jeune.

Le temps est souple pour les auteurs.

Il est venu spécialement de Madrid assister à quelques répétitions,

il s'est assis au fond de la salle, sur le côté, dans l'angle mort de la lumière de service,

de sorte qu'on ne peut distinguer aucun de ses traits.

A partir de l'instant où Olmo Panero disparaît quelque part dans une rangée du fond, il n'y

a plus rien de naturel dans mon comporte-
ment,
je fabrique au jugé un personnage sorti de
l'ordinaire,
mes gestes,
mes intonations,
mes fausses humeurs,
mes plaisanteries d'ambiance,
je fais mon magnifique pour la tache d'ombre
au fond,
je veux qu'Olmo m'adore,
qu'il soit saisi par ma dimension,
je veux qu'il pense que je suis le plus somp-
tueux,
l'acteur le plus somptueux,
le plus grand Fernan qu'il ait vu
le plus grand Fernan de tous les temps.
A la fin de la journée, il quitte sa place et
s'avance,
il dit que les mots ne sont que des parenthèses
de silence,
il a traversé les Pyrénées pour dire cette phrase,
à moi,
en particulier.

12. *Dialogue imaginaire.*

ACTEUR (qui joue Mariano).
Sachez monsieur Panero qu'avant d'interpréter
votre Mariano, j'ai joué d'autres déshérités,
d'autres alcooliques,
j'ai joué des Russes bien plus fêlés que votre
Mariano,
j'ai joué des malheureux de toutes catégories,
je suis le grand spécialiste des malheureux de
papier, voyez-vous,
ne venez pas m'expliquer comment on fait,
ne venez pas désenchanter votre écriture avec
vos explications, ne m'expliquez rien,
ne m'adressez pas la parole,
ne laissez paraître aucune satisfaction,
surtout,
ne m'obligez pas à me montrer humblement
heureux de votre satisfaction,

la satisfaction de l'auteur étant la chose la plus médiocre qui soit, pour ne pas dire la plus répugnante,

lors de notre lecture je vous ai vu sourire monsieur Panero, à la lecture de votre propre pièce, je vous ai vu sourire aux anges, vous enchanter tout seul sur votre chaise, un peu en retrait, comme il se doit, le retrait du garçon à cheval entre la gêne et l'arrogance,

je vous ai vu sourire aux anges à l'écoute de votre partition pourtant peu mise en valeur,

pour ma part je ne cherchais qu'à endiguer votre pénible frétillement,

la satisfaction de l'auteur est obscène pour être tout à fait franc,

à défaut d'être mort monsieur Panero, qui est, si on réfléchit, le seul statut qui convienne à votre profession,

efforcez-vous de n'être qu'une absence, un nom sur l'affiche,

ou demeurez l'être obscur et granitique qui s'assoit au fond de la salle, sur le côté, dans l'angle mort de la lumière de service,

laissez-nous seuls avec vos personnages,

ils veulent se dévergonder,

être séditieux,
vous rire au nez Olmo,
l'acteur est là pour anéantir l'écrivain
savez-vous,
l'acteur qui ne veut pas anéantir l'écrivain est
foutu,
l'acteur qui capitule,
qui ne veut pas, d'une manière ou d'une autre,
pietiner votre belle ordonnance,
ne vaut rien.

13. Pièce espagnole.

Pilar, Nuria, Aurelia, Mariano, Fernan.
Chez Pilar.
Thé, petits gâteaux. Champagne.

MARIANO. J'ai définitivement renoncé à l'aïkido depuis que j'ai vu Sergio Morati à la piscine de Valladolid. J'ai dit à Aurelia, cite-moi un seul muscle chez Sergio, un seul qui te ferait dire

45

voici un deuxième dan d'aïkido. Douze ans de salles obscures pour présenter au bord de la piscine de Valladolid, un corps adipeux sans l'ombre d'un muscle apparent.

AURELIA. Il dit qu'il a renoncé à l'aïkido mais il n'a jamais pensé à faire de l'aïkido, ni à faire aucun sport.

PILAR. Sergio Morati, j'aimais bien ce garçon, qu'est-ce qu'il est devenu ?

MARIANO. Il est dans une maison de santé.

PILAR. Ah bon ?

MARIANO. Quand il a appris que sa femme le trompait, il est allé dans la rue avec une bouteille de vodka, il s'est mis à genoux et a demandé aux voitures de venir l'écraser. On a réussi à le faire rentrer dans la maison et il a tenté de se suicider au couteau devant les enfants. Il s'est lacéré le ventre devant les enfants.

PILAR. Devant les enfants ?

MARIANO. Oui. Qui n'étaient déjà pas tout à fait normaux.

PILAR. Qu'est-ce qu'ils avaient ?

AURELIA. Le grand avait installé une morgue dans sa chambre...

PILAR. Une morgue !

AURELIA. Oui. Avec des cadavres d'insectes. Et la petite changeait de tenue environ dix fois par jour.

NURIA. Ta fille passe bien l'aspirateur.

AURELIA. Quel rapport ?

NURIA. Moi j'ai trouvé un peu curieux, excuse-moi, une enfant qui se réjouit d'avoir un aspirateur pour son anniversaire. *(A Fernan.)* Ma nièce a demandé un aspirateur pour ses trois ans, un jouet mais qui aspire quand même avec des piles, qui aspire des petites billes et des poussières, elle était folle de bonheur, elle s'est mise à aspirer immédiatement, il fallait lever les pieds et la regarder aspirer, après le déjeuner elle a voulu quitter la table avant le dessert, j'ai

47

dit elle veut encore passer l'aspirateur, et c'était vrai, il fallait qu'elle y retourne.

MARIANO. Depuis nous avons renvoyé la femme de ménage.

PILAR. N'empêche qu'elle le fait très bien. Elle a apporté son aspirateur dimanche dernier, elle a fait l'entrée et la chambre, dis donc, drôlement consciencieuse.

NURIA *(à Fernan)*. Elle ne peut plus s'arrêter. C'est une passion.

FERNAN. Nous qui cherchons sans cesse du personnel d'entretien...

AURELIA. Excusez-moi, excusez-moi Fernan, cette conversation m'indispose.

MARIANO. Et l'avantage avec sa taille, c'est qu'elle peut aller...

AURELIA. Si tu ajoutes un mot, je m'en vais.

PILAR. Mais enfin chérie, qu'est-ce qu'il y a de grave ? On rit.

AURELIA. Moi je ne ris pas. *(A Mariano.)* Et toi ça t'amuse de ridiculiser ta fille.

MARIANO. Reconnaissons qu'elle passe l'aspirateur.

AURELIA. Et alors ? C'est interdit ?

MARIANO. C'est toi qui en fais une affaire.

AURELIA. J'en fais une affaire parce que je sais très bien ce qu'il y a derrière ça.

PILAR. Qu'est-ce qu'il y a derrière ça chérie ?

AURELIA. Il y a derrière ça maman, qu'elle ne passe pas l'aspirateur par hasard, il y a derrière ça que le modèle de cette enfant est *domestique.* Ça relève du même venin que de me dire que je suis organisée et prévoyante, sous-entendu notons au passage le fossé entre l'artiste *(geste vers Nuria)* et la petite-bourgeoise.

PILAR. Bon, alors, vous n'allez pas vous disputer aujourd'hui, Fernan voilà ce que c'est d'avoir deux filles.

NURIA. Elle devient paranoïaque.

AURELIA. Si tu trouves que je deviens para-
noïaque, tu ne te tournes pas vers mon mari
pour lui dire que je deviens paranoïaque, tu
me dis à moi, en face, tu es paranoïaque. Tu
ne cherches pas auprès de Mariano qui est un
légume et qui ne prend jamais mon parti, un
soutien misérable. S'il te plaît maman, est-ce
que tu as du faux sucre ?

Pilar sort.

NURIA. Tu es paranoïaque.

AURELIA. Voilà. Je préfère.

NURIA. Et si ça te pertube à ce point, rassure-
toi, je ne dirai plus jamais que Lola passe l'aspi-
rateur.

AURELIA. Tu peux parfaitement dire que Lola
passe l'aspirateur, et d'ailleurs elle ne passe pas
seulement le petit mais aussi le grand si tu veux
savoir, elle fait son lit, elle plie ses affaires, c'est
une perle, on a une perle, je me fous qu'on
dise que Lola passe l'aspirateur, mais tu ne peux
pas dire qu'elle passe l'aspirateur au même titre

que la petite Cernuda qui part en classe en débardeur sans manches au mois de janvier et qui est totalement déglinguée.

PILAR *(revenant)*. Chérie, tu ne m'as pas dit comment se passaient tes répétitions.

AURELIA. Très bien.

PILAR. Tu es contente du metteur en scène ?

AURELIA. Oui.

FERNAN. Vous répétez quoi ?

AURELIA. Une pièce bulgare. Des années soixante-dix.

MARIANO. D'une grande gaieté.

PILAR. C'est vrai ?... Mais pourquoi vous ne faites jamais des choses gaies ? Les gens aiment les choses gaies.

NURIA. Vous vous intéressez au théâtre Fernan ?

FERNAN. Ah oui, beaucoup. Vous savez, j'ai une formation littéraire et philosophique.

NURIA. Vous y allez ?

FERNAN. Autrefois, souvent. Plusieurs fois par an à Maria Guerera, au Bellas Artes.

MARIANO. Vous n'y allez plus ?

FERNAN. Je suis moins organisé. C'était ma femme qui organisait ces sorties. Je vais au cinéma en revanche. *(A Nuria.)* Je vois tous vos films.

NURIA. Merci.

PILAR. Ah ça c'est vrai. Même avant que je le connaisse il te connaissait par cœur.

NURIA. Merci.

FERNAN *(après un temps)*. ... Et de quoi parle votre pièce ?

AURELIA. De pas grand-chose.

MARIANO. Si, si, raconte.

AURELIA. Une histoire très banale en elle-même.

MARIANO. Mais dans un style qui va vous plaire.

AURELIA. Un professeur de piano, que je joue,
tombe amoureuse de son élève, un homme plus
âgé qu'elle, qui est marié.

NURIA. Et lui tombe amoureux d'elle ?

AURELIA. On ne sait pas.

14. Interview imaginaire.

ACTRICE (qui joue Aurelia).
Je répète une pièce espagnole
dans laquelle je joue une actrice
qui répète une pièce bulgare.
J'enseigne le piano à un homme marié dont je
m'éprends.
Nous travaillons un prélude de Mendelssohn,
une œuvre peu connue,
extraite des six préludes et fugues,
écrits en hommage à Bach,
sur une longue période,
sans plan,
sans désir de faire une œuvre.

L'homme ne travaille pas son piano,
il ne fait aucun progrès,
au fur et à mesure,
je n'ai plus de raison de venir,
je suis de moins en moins légitime,
car aimer
ne signifie pas être légitime.
Lui ne me dit jamais de ne plus venir,
j'ai peur de cette phrase,
je la redoute à chaque fois.
Nous travaillons un piano qui n'avance pas.
Le temps passe.
C'est une pièce sur la solitude et le temps qui
passe,
deux sujets irréparablement liés.
Mon mari dans la pièce espagnole trouve cette
pièce bulgare sinistre,
ma mère voudrait que je joue des choses gaies.
J'aime jouer des choses gaies,
les choses gaies ne sont pas inférieures aux cho-
ses tristes.
Mais quand même, les choses tristes
restent plus
en vous,
longtemps.

15. Pièce espagnole

Les mêmes. Un peu plus tard.

MARIANO. Goytisolo a compris que j'étais incontournable dans l'immeuble alors que je ne fais même pas partie du conseil syndical. Goytisolo a demandé à Marañon, le syndic, s'il fallait vraiment couper le lierre – c'est-à-dire obéir aux injonctions de la folle (la voisine) – Marañon a envoyé un papier officiel précisant que quand tu as un mur mitoyen, tu n'as pas le droit de planter à moins de trois mètres du mur.

FERNAN. Exact. Encore faudrait-il s'entendre sur le statut de mitoyenneté.

MARIANO. Bon, vous voyez comme c'est facile ! Pepiñolé, qui est au rez-de-chaussée et qui s'occupe du jardin, ce que nous appelons jardin, en réalité la cour, parce qu'il s'est proposé de le faire, soi-disant il s'intéresse aux plantes, pourquoi pas, Pepiñolé est vendu à la femme d'à côté. Pourquoi vendu ? Pour qu'on lui nettoie sa gouttière dans laquelle le lierre rentre car il a peur de monter lui-même sur une échelle. On fait une réunion chez Goytisolo, avec Goytisolo, Franco, Marañon, Pepiñolé et moi, qui n'ai rien à voir, car je ne fais pas partie du conseil. On décide de couper le lierre de peur d'un procès, Goytisolo et Franco font comprendre à Pepiñolé que toutes ses plantations c'est de la merde, que si nous cédons sur le lierre pour raisons légales, nous ne comptons pas, a fortiori, entériner ses plantations, Pepiñolé multiplie les pots dans la cour, après avoir refusé de mettre des rhododendrons, on se demande pourquoi, qui sont très heureux à l'ombre, il multiplie les hortensias et Franco ne le supporte pas. Pepiñolé se vexe et s'en va. Une semaine après, Goytisolo m'appelle et me dit Pepiñolé est très bizarre, il a appelé l'entreprise lui-même pour faire tout couper, il veut tout couper, une coupe comme à l'armée, pas seulement ce qui dépasse sur le mur de la salope, il veut scalper le lierre, l'aucuba et l'hibiscus, il veut faire de la cour une cour d'hôpital, alors moi je serai là, mais il faut que vous soyez là aussi, avec Franco et Marañon ce nul qui a laissé Pepiñolé prendre les rênes du jardin, si Marañon, me dit Goytisolo, et je lui donne entièrement raison, n'avait pas laissé Pepiñolé prendre les rênes du jardin, car personne ne l'y obligeait, on aurait un jardin en friche comme on on l'a toujours eu quand on s'en foutait, un jardin humain, pas un truc à l'allemande, c'est quand même incroyable dit Goytisolo, et je lui donne entièrement raison, qu'on doive subir la dictature d'un prothésiste du rez-de-chaussée qui n'est là, et encore uniquement à titre professionnel, que depuis deux ans, qu'est-ce qu'il y a Aurelia, qu'est-ce qu'il y a, Fernan comprend très bien ce que je dis, et ça l'intéresse beaucoup. Et si on avait eu Fernan à la place de Marañon ce nul...

AURELIA. Fernan s'en fout, il a ça tous les jours.

FERNAN. Ça ne me gêne pas.

MARIANO. Ça ne le gêne pas.

NURIA. Mais ça ne le passionne pas non plus.

MARIANO. Vous savez pourquoi on ne vous vire pas Fernan ? Je ne parle pas de vous mais de vos congénères. Vous savez à quoi vous devez votre maintien ? Alors que vous êtes révocable *ad nutum* ? A notre inertie. Les hommes sont inertes. Vous devez votre pérennité non à la satisfaction mais à l'inertie des hommes. C'est pourquoi vous êtes des tocards et des lâches. Vous devriez réfléchir à cette position existentielle. Vivre selon l'inertie.

AURELIA. Qu'est-ce qui t'arrive, tu es ivre mort ?

PILAR. Mariano, qu'est-ce qui se passe, pourquoi tu bois comme ça ?

MARIANO. Dès que quelqu'un quitte la position feutrée, il boit !

AURELIA. Il boit. Et maintenant il boit au grand jour.

PILAR. Tu bois Mariano ?!

58

NURIA. Maman s'il te plaît.

AURELIA. Excuse-toi.

MARIANO. Fernan sait que je ne parle pas de lui.

FERNAN. D'abord je ne le prends pas personnellement, et en outre je suis d'accord. Je suis le premier à condamner l'inertie de la clientèle, une inertie à deux volets cependant Mariano, car tout aussi navrante est la non-manifestation du client satisfait. Le client satisfait n'avouera jamais qu'il est satisfait. Alors qu'il pourrait nous servir de gouvernail, et nous tirer vers le meilleur en définitive.

MARIANO. Présentez-moi le client satisfait Fernan. J'aimerais rencontrer ce garçon.

PILAR. Eh bien moi. Moi Mariano. Tu as devant toi la cliente satisfaite. C'est ainsi que nous avons lié connaissance. Nuria, au fait, as-tu apporté les robes chérie ?

NURIA. Oui.

PILAR. Montre, montre.

NURIA. Il faut les voir sur moi. Ça n'a pas d'intérêt de les voir comme ça.

PILAR. Passe-les.

NURIA. Maintenant ?

PILAR. Elle doit choisir sa robe pour les Goya. Elle hésite entre deux. Oui c'est amusant, on va t'aider.

AURELIA *(tandis que Nuria sort)*. D'où vient ce cake maman ?

PILAR. C'est un petit *Frudesa.*

AURELIA. Tu as deux boulangeries dans la rue et tu achètes un surgelé.

PILAR. La vérité c'est que je voulais le faire moi-même et que je n'ai pas eu le temps. Il n'est pas bon ?

AURELIA. Infâme.

PILAR. Tu l'as goûté Fernan ?

FERNAN *(goûtant)*. Je préfère ton *Brazo de gitano.*

PILAR. Je n'ai pas eu le temps. Je n'ai le temps de rien ces temps-ci.

AURELIA. Mais qu'est-ce que tu fais ?

PILAR. Je n'arrête pas. Je m'occupe de la maison. Je couds. Je m'occupe de ta fille. Je vois mon fiancé. Je m'occupe de mes amies. Ce matin, Cristina m'a appelée pour m'inviter à sa journée d'amitié, maintenant on dit journée d'amitié car vente de charité est devenu trop péjoratif, je me dis il faut absolument acheter quelque chose à Cri-cri qui s'est échinée toute l'année pour faire le bien. En général, elle vend des vieilleries paysannes qu'elle récupère chez les morts de San Ignacio, tu peux trouver des choses amusantes, et même de vraies antiquités, la dernière fois elle avait un rouet...

AURELIA. On s'en fout maman, on s'en fout complètement, tu ne vas pas nous raconter en détail les journées de tes grenouilles de bénitier, quant à Lola, tu t'en occupes un seul jour par semaine, si ça te dérange, je peux tout à fait m'organiser autrement.

PILAR. Tu me demandes ce que je fais, je te réponds. Pourquoi tu es si nerveuse Aurelia ? Elle est terriblement nerveuse.

MARIANO. Elle est très nerveuse la pauvre.

Arrive Nuria dans la première robe.

Elle déambule.

MARIANO. Pour à cent pour cent.

NURIA. Ce silence m'inquiète.

MARIANO. Je suis enthousiasmé par cette tenue.

NURIA. Auri ?

AURELIA. Il faut que je voie l'autre.

MARIANO. Je t'accompagne. Si par extraordinaire tu es seule.

NURIA. J'y vais avec Gary Tilton.

PILAR. Il est toujours à Madrid ?

NURIA *(à Mariano)*. Mais j'aurais accepté avec plaisir. Et Fernan ? Soyez franc Fernan. Votre

62

avis compte par-dessus les autres puisque vous êtes la seule personne étrangère, le seul regard objectif en quelque sorte.

FERNAN. Alors vous tombez très mal Nuria ! Je n'y connais strictement rien, en matière de mode, surtout féminine, je suis zéro, votre maman le sait.

NURIA. Vous me trouvez belle ?

FERNAN. Belle, bien sûr, bien sûr.

NURIA. Je vais mettre l'autre.

Nuria sort.

AURELIA. C'est extravagant que tu suggères de l'accompagner !

MARIANO. Ah bon ?

PILAR. Tu crois qu'elle est avec Gary Tilton ?

AURELIA. Tu serais allé avec ma sœur à moitié à poil aux Goya ?

MARIANO. Où est le mal ?

PILAR. Un Gary Tilton ne reste pas en Espagne sans une bonne raison.

AURELIA. Maman, on se fout de Gary Tilton !

PILAR *(à Fernan)*. Tu vois comment elle me traite.

AURELIA. Si tu veux savoir si elle est avec Gary Tilton, demande-lui, pourquoi tu me le demandes à moi ?

PILAR. On ne me dit jamais rien, je suis toujours la dernière informée.

AURELIA. Interroge-toi.

PILAR *(à Fernan)*. Tu vois, tu vois.

AURELIA. Qu'est-ce qu'il voit ? Que voyez-vous Fernan ? Elle vous rend très antipathique vous savez.

FERNAN. Allons.

MARIANO. Un petit coup de champ' Fernan ?

FERNAN. Non merci, je suis heureux avec le thé.

PILAR. Personne ne touche à mon cake.

Arrive Nuria dans la deuxième robe.

Silence.
Nuria rit.

NURIA. Approbation générale.
Fernan, toujours pas d'avis ?

FERNAN. Celle-là est plus triste on dirait.

NURIA. Mariano ?

MARIANO. Il me semble... si j'ai la permission de m'exprimer... qu'une femme qui part à la fête dans cette robe va au-devant du chagrin, ou l'espère, ou s'y destine ardemment.

AURELIA. Quant à moi, si tu me demandes, je les trouve épouvantables l'une et l'autre.

PILAR. Pourquoi tu dis ça ? C'est méchant Auri.

AURELIA. Non.

PILAR. C'est moderne, c'est à la mode, elle peut tout à fait se le permettre.

AURELIA. Sûrement.

PILAR. Et si tu ne les aimes pas, tu peux le dire plus gentiment.

AURELIA. Il n'y a pas de bonne manière maman pour moi d'exprimer mon opinion, car, je ne peux pas critiquer ces robes hideuses sans qu'on pense aussitôt la pauvre Aurelia est jalouse, la pauvre Aurelia aurait aimé participer à la fête du cinéma au bras d'une vedette américaine, elle est aigrie et jalouse de sa sœur la pauvre, elle pour qui on va devoir se trimballer en banlieue pour applaudir une pièce bulgare à base de silence et de Mendelssohn, ne peut pas, il faut la comprendre, apprécier les élans néo-poéti-ques de son mari, ne peut pas voir avec légèreté l'originalité de ces robes et encore moins éva-luer leur mélancolique sous-texte.
Voilà pourquoi, pardonne-moi Nuria, je te livre mon impression avec une brutalité indé-pendante de ma volonté.

FERNAN. Eh bien moi je ne vous trouve pas aigrie, mais courageuse Aurelia, courageuse et généreuse. Je crois pour ma part Nuria, puisque vous m'avez invité à parler et qu'elle m'en

66

donne à présent le courage, inutile de vous embarrasser de ces tenues. Elles affadissent votre personnalité. Je vous parle en spectateur, et en fan, vous n'avez aucun besoin de vous singulariser avec un vêtement.

PILAR. Ça me vexe que tu puisses penser qu'on ne se fait pas une joie de venir te voir au théâtre. Ça me vexe beaucoup.

FERNAN. On se fait une joie, c'est vrai. Grâce à vous, je renoue avec mes humanités.

NURIA. Elles sont hideuses ! Elle a raison ! Je hais ces robes, je les hais ! Je me suis laissé embobiner par l'attachée de presse cette conne, qu'est-ce que je vais faire ! Qu'est-ce que je vais mettre maintenant !

PILAR. Tu vas en trouver une autre chérie...

NURIA. Quand ? Quand ? un dimanche ? La soirée est foutue, c'est même pas la peine que j'y aille !

MARIANO. Moi je persiste à dire que la première...

NURIA. C'est normal, un type bourré aime les putes !

FERNAN. Quand a lieu cette cérémonie ?

AURELIA. Lundi soir.

FERNAN. On ne trouve pas une robe un lundi ?

NURIA. Non !

FERNAN *(à Pilar)*. Pourquoi ?

NURIA. Parce qu'un lundi Fernan, pour que vous compreniez, c'est-à-dire au dernier moment, je vais trouver un pis-aller, une tenue bâtarde dans laquelle, alors que je m'expose devant toute l'Espagne, je vais me sentir moi-même bâtarde, par conséquent ma soirée est foutue quoi qu'il arrive, parce qu'une femme qui s'expose Fernan, devant l'Espagne entière, ne peut pas être inférieure à l'idée qu'elle se fait de son rayonnement !

Elle sort.

PILAR *(à Fernan)*. Tu es rentré dans l'intimité d'une star. Tu découvres ce que c'est.

AURELIA. Il est assez grand maman peut-être pour se faire une idée personnelle de ce qu'il voit. Il n'a pas besoin d'une visite guidée.

FERNAN. Je ne vous trouve pas gentille avec votre maman. Je me mêle de ce qui ne me regarde pas mais je ne vous trouve pas très gentille avec votre maman.

AURELIA. Je ne suis pas très gentille c'est vrai.

MARIANO. Elle n'est gentille avec personne.

AURELIA. Oh maman, tu ne vas pas pleurer c'est dément !

PILAR. Je ne pleure pas.

AURELIA. Pourquoi tu te mouches ?

PILAR. Je me mouche parce que je me mouche.

AURELIA. Je ne comprends pas qu'elle pleure, il n'y a aucune raison de pleurer.

MARIANO. Elle ne pleure pas, elle se mouche. Tu vois bien qu'elle se mouche. Vous vous mouchez Pilar. Bon, voilà, elle se mouche.

Aurelia sort, excédée.

16. *Confession imaginaire*

ACTRICE (qui joue Pilar).
Le metteur en scène déteste quand je dis, et
moi je fais quoi à ce moment-là,
il dit, ne dites pas je fais quoi, je vais où,
comment dois-je réagir,
il dit, c'est vous l'actrice, c'est vous qui avez
appris ce métier, ce n'est pas moi,
il dit, faites, proposez, nous gardons, nous
jetons,
alors je ne pose plus de questions, mais parfois
il arrive que je ne me souvienne plus des
inflexions de la vie,
dans la vie aussi on ne sait pas toujours com-
ment il faut vivre,
où il faut se mettre,
s'il faut regarder bien en face,
ou se tenir de façon provisoire et incertaine,

dans la vie aussi il n'est pas facile de laisser les choses venir à soi,
sans se défendre,
par avance,
d'un faux pas.

17. Pièce espagnole.

Fernan, Mariano.
Quelque part chez Pilar. Un balcon peut-être.
Ils fument des petits cigares, au vent.

FERNAN. L'important est de ne pas se laisser entraîner dans la spirale passionnelle. De deux choses l'une, du point de vue de son état juridique, ou bien le mur appartient en totalité à la voisine, ou bien il est à cheval sur la limite séparatrice des deux fonds. Cette question permet de trancher. Dans le premier cas, la voisine doit supporter l'entretien du mur en totalité et si elle peut prouver que le lierre dégrade son

mur, elle peut demander des dommages et inté-
rêts. Si le mur est mitoyen, à mon avis il ne
l'est pas, sur des constructions anciennes il est
extrêmement difficile de prouver la mitoyen-
neté, l'entretien du mur et son ornementation
sont partagés à cinquante cinquante entre les
deux propriétaires, auquel cas naturellement
l'affaire du lierre est plus complexe. En ce qui
concerne l'entretien de la cour par le prothé-
siste, toujours sur le plan juridique : d'abord,
la cour en soi demeurera toujours une partie
commune, elle n'est pas devenue privative à
l'usage du prothésiste, il s'agit d'une *délégation*
de l'assemblée générale, au profit du prothé-
siste d'entretenir et d'orner une partie com-
mune. Est-ce que cette initiative a été retrans-
crite quelque part dans un procès-verbal *sous
forme de décision* ? Si c'est le cas, le syndic ne
fait qu'appliquer la décision de l'assemblée, ce
type de délégation n'ayant aucun caractère
définitif, l'assemblée générale, si elle n'apprécie
pas le travail du prothésiste peut lui retirer la
délégation. En revanche, mais vous n'avez pas
présenté l'affaire sous cet angle, de sorte que
mon confrère me paraît injustement accusé, car

je le répète, et c'est une chose que je claironne plus ou moins dans le vide depuis des années, le syndic ne fait qu'*appliquer* les décisions de l'assemblée, si le syndic s'était mis d'accord ou avait laissé faire le prothésiste sans consulter l'assemblée générale, il aurait en effet outrepassé ses pouvoirs.

MARIANO. Naturellement.

FERNAN. En gros, virez-moi ce Piño...

MARIANO. Pepiñolé.

FERNAN. Ce Pepiñolé a pris la grosse tête, il se croit, sous prétexte de rez-de-chaussée – vous savez que c'est une chose très courante que le copropriétaire du rez-de-chaussée s'annexe psychiquement la cour, le plain-pied est à l'origine de dérive mentale c'est connu – ce Pepiñolé se croit indélogeable et seul maître à bord, comme son refus des rhododendrons l'atteste, il veut nous punir d'avoir contesté son hégémonie, il se drape, il veut nous faire un jardin à la Hitler, virons-le.

MARIANO. Virons-le.

Ils fument tranquillement.

MARIANO. Vous êtes veuf depuis longtemps ?

FERNAN. Trois ans.

MARIANO. Et Pilar ? Je veux dire...

FERNAN. Depuis deux mois. Mais nous nous connaissions, par l'immeuble.

MARIANO. Et comment... Enfin je ne veux pas être indiscret...

FERNAN. Non, non, non. Comment ?... Une de ces petites péripéties qui prennent des allures de fatalité, le tapis de l'escalier commun était déchiré sur l'arête d'une marche, nous avions beau le recoudre, il se déchirait régulièrement, il se trouve que Pilar est la seule de l'immeuble à marcher avec des talons hauts par conséquent la plus à même de se prendre dedans et tomber, je suis venu, à sa demande, constater la dégradation, elle m'a invité à prendre un petit café, nous avons pris date pour un dîner... On me disait un veuf de ton âge a la vie devant lui, tes enfants sont grands, je pensais quelle vie ? Je n'ai plus rien à défendre, plus rien à construire, et puis cette femme est arrivée, je me suis assis chez elle, elle m'a fait à manger, elle m'a fait une piperade de poivrons grillés, un demi-cochonnet rôti avec une purée de pommes de terre, un roulé à l'ananas...

18. Pièce espagnole.

Nuria, Aurelia.
Quelque part chez Pilar. Dans la cuisine peut-être.

AURELIA. Ce couple me dégoûte. Je les trouve malsains. Il a l'air d'être son fils. Il va prendre sa défense en permanence maintenant ?

NURIA. Et il donne son avis, comme si on lui demandait son avis !

AURELIA. Tu lui as demandé.

NURIA. Par politesse. Je n'attends pas qu'il me donne réellement son avis. Je trouve ça dingue qu'il ose me donner son avis et pas seulement son avis, tu as remarqué, il me prodigue ses conseils ! Quelle calamité ces robes, si je pouvais les déchiqueter mais elles valent des fortunes, tu crois que je peux remettre la mauve que j'avais à Cannes et que tout le monde a vue, au moins je suis belle, tu me trouves belle en ce moment, tu ne trouves pas que j'ai pris un coup de bambou d'un coup, tu sais que le coup de bambou c'est d'un coup ?

AURELIA. Tu es très belle, moi par contre j'ai découvert une chose terrifiante, mes joues n'ont plus aucune densité, quand j'embrasse Lola c'est ferme, c'est dense, ça résiste, moi touche, tu vois, il n'y a plus rien, c'est fini, c'est mou.

NURIA. Moi aussi !

AURELIA. Ah oui toi aussi, mais moins que moi, je ne sais pas ce qu'on peut faire, il est d'un ennui, tu me diras elle aussi, elle minaude, elle m'exaspère, elle se fait passer pour une martyre apparemment.

NUJRIA. Elle lui raconte tout sur nous, elle lui parle de nous jour et nuit, Cristal est enceinte.

AURELIA. Cristal est enceinte !

NURIA. Elle me l'a dit hier au téléphone.

AURELIA. Mais de qui ?

NURIA. D'Anibal ! De qui veux-tu ?

AURELIA. Tu n'es pas au courant.

NURIA. Non.

AURELIA. Elle a un amant.

NURIA. Cristal !

AURELIA. Enfin je crois que c'est fini, ça a duré deux jours, elle est enceinte la pauvre ?

NURIA. Elle avait l'air contente.

AURELIA. Elle en a déjà deux.

NURIA. Elle en aura trois.

AURELIA. Maman le sait ?

NURIA. Non. Pourquoi ça n'a duré que deux jours ?

AURELIA. Le type était fou amoureux, ne mangeait plus, ne dormait plus, et ne voulait pas souffrir.

NURIA. Fou amoureux, en deux jours, de Cristal...

AURELIA. Comme quoi.
Et toi ? Gary Tilton ?...

NURIA. Je ne peux pas en parler.

AURELIA. Tu es amoureuse ?

NURIA. Je ne peux rien dire.

AURELIA. En résumé, tout le monde s'amuse, sauf moi.

19. *Interview imaginaire.*

ACTEUR (qui joue Mariano).

Dans un entretien que j'ai lu,

Wilhelm Bolochinsky dit que les acteurs ne sont pas des artistes

pour la bonne raison que les acteurs ont la folie de la séduction, qui est une folie radicalement contraire à toute forme d'art,

toute forme d'art entravé par le désir de séduction est à jeter aux ordures,

ne peut même pas, selon Bolochinsky, prendre le nom d'art, un mot de toute façon spolié de façon quasi définitive.

Cette folie de la séduction qu'on dirait, dit Bolochinsky, inhérente à la nature de l'acteur, le précipite dans les bras du spectateur, son pire ennemi,

quelquefois de la façon la plus éblouissante, il est vrai,

tellement éblouissante, dit-il, qu'elle peut donner le *la* de l'œuvre,

entraîner une génération entière sur une fausse

piste, et réduire à néant, dit-il, la tonalité d'ori-
gine.

Aussitôt que le spectateur, dont on se plaît à
ne jamais rien dire,

mais qui doit être attaqué de front,

et de la façon la plus virulente,

dit Bolochinsky,

pénètre dans la salle pour affirmer sa légitimité,

il ne fait que dégrader l'interprète,

l'avilit au rang de partenaire,

l'acteur et le spectateur sont main dans la
main,

comme si l'artiste, toujours Bolochinsky, pou-
vait être main dans la main avec qui que ce
soit,

l'artiste est contre,

et contre ceux qui sont contre,

contre le spectateur qui est contre aussi évi-
demment,

alors j'ai pris ma plume et j'ai écrit,

monsieur Bolochinsky,

l'acteur qui rédige ces lignes, se fout comme
de l'an quarante d'être considéré comme un
artiste,

vos valeurs l'emmerdent et vos leçons aussi,

veuillez je vous prie, ne pas nous restreindre à une définition, fût-elle à vos yeux prestigieuse,
nous ne voulons aucun mot pour exister,
nous n'existons pas,
ayez l'amabilité de penser à nous comme à des êtres égoïstes,
inconstants,
veules,
des vides ambulants,
des riens.
En vous remerciant.

20. Pièce espagnole.

Mariano et Aurelia. Chez eux.
Mariano, assis, tient la brochure fermée de la pièce bulgare.
Aurelia est debout.

AURELIA. Lui est assis au piano, et moi je suis debout, je regarde par la fenêtre. Après je me déplace, toi tu ne bouges pas.

(Aurelia se tourne, comme si elle regardait par une fenêtre opposée à la salle.
Un temps.)
Rien de sentimental, monsieur Kiš. Jamais. Ne rien laisser traîner de sentimental dans le jeu et dans la sonorité. Nous sommes déjà en fa mineur qui est la tonalité de la Troisième Sonate opus 5 de Brahms, de la Quatrième Ballade de Chopin avec sa coda finale que Neuhaus définit comme la « catastrophe de la passion », la tonalité de l'opus 57 de Beethoven et surtout, rappelez-vous, celle de la Sonate pour violon et piano de Bach que vous m'avez dit aimer par-dessus les autres. La passion va de pair avec la pureté et la retenue. Elle ne raconte pas une histoire, c'est un éclat sombre, une fatalité. Ce n'est même pas un sentiment, monsieur Kiš, ou alors un sentiment inaugural qu'on ne peut pas réduire à des accents romantiques. Jouez sans créer d'événements autres que la musique. Exactitude et authenticité. Arrêtez-moi, s'il vous plaît, si je vous ennuie, je vous parle comme si vous étiez un interprète de talent, alors que vous êtes le pire élève que j'aie jamais eu, vous riez, je continue, ne don-

nez pas l'impression qu'il y a un début et une fin, rentrez dans le Prélude comme si vous formuliez tout haut, et parce qu'il vous est impossible de le taire, ce qui est déjà, ignorez où vous allez, n'allez nulle part qui existe, rien ne va jusqu'au bout monsieur Kiš, aucune œuvre ne va jusqu'au bout, les œuvres s'interrompent, il n'y a pas de fin possible, même la mort ne finit rien, la mort n'est qu'une péripétie, qui ne finit rien, ne clôt rien, on ne va jamais jusqu'au bout, jusqu'au bout de quoi ?
(Après un silence.) Tu me trouves comment ?

MARIANO. Bien.

AURELIA. Est-ce qu'on sent... *(Un temps.)*

MARIANO. Quoi ?

AURELIA. ... Une douleur ? Quelque chose qu'elle ne peut nommer autrement ?

MARIANO. Oui...

AURELIA. Sans plus ?

MARIANO. Je ne sais pas. Tu es là de dos, après tu es là, derrière, je ne te vois pas.

AURELIA. On ne parle pas comme ça à un élève, ce n'est pas un cours, c'est une confidence, très haute, les mots dévoilent d'autres mots, si on ne le sent pas...

MARIANO. Refais-le.

Un temps.
Elle le rejoue entièrement, de face, sans bouger.
A la fin :

MARIANO. Excellent.

AURELIA. Comment ça excellent, ça doit être bouleversant !

MARIANO. Oui, bouleversant, excellent, c'est la même chose.

AURELIA. Non, ce n'est pas du tout la même chose, ça n'a rien à voir !

MARIANO. Ecoute Aurelia tu me fatigues, tout ça me fatigue, et si j'étais ce Kiš, je me serais tiré depuis longtemps !

AURELIA. Pourquoi tu n'es pas plus rassurant, pourquoi tu n'es jamais rassurant ?

MARIANO. Parce que je ne peux pas être rassu-
rant. Je ne peux pas être un homme rassurant.

Elle reste debout, désorientée.
Ils restent un long temps tous les deux, en silence.

21. Pièce espagnole.

Fernan et Pilar.
Dehors. Ils marchent.

PILAR. Elles se fichent des mariages, des com-
munions, elles se fichent des anniversaires, on
fête celui de Lola parce que c'est une enfant,
Cristal m'appelle le jour de *la Pilariqua,* c'est
la seule, les autres pas un petit coucou, pas un
petit bouquet, Cristal est la plus normale sauf
qu'elle vit dans la ville où habite son père avec
sa nouvelle femme et ses nouveaux enfants qui
ont le même âge que les siens, les autres ne

jettent même plus un œil sur le calendrier, elles se fichent de Noël, elles se fichent de tout. Tu te fiches de Noël toi Fernan ? Tes enfants s'en fichent ?

FERNAN. Nous avons toujours tous aimé Noël.

PILAR. Voilà. Moi aussi. J'adore Noël, j'ai toujours adoré Noël. Je n'ai plus de Noël, Fernan, depuis des années.

FERNAN. Tu en auras un cette année.

PILAR. Quand elles étaient petites, je leur faisais des Noël ! Je les amenais au salon, on les coiffait avec des rubans, je te montrerai les albums, on gardait la crèche la moitié de l'hiver tellement elle était réussie, chaque année avec des éléments nouveaux, les voisins sonnaient pour la voir. On ne transmet pas les choses. On ne transmet rien.

FERNAN. Chacun a sa vie.

PILAR. Ma vie c'est toi maintenant. Je marche dans le parc avec ma nouvelle vie.

FERNAN. Oui.

PILAR. Je venais dans le temps avec les enfants.
Je m'asseyais sous le hêtre d'Orient.
Je suis contente que les arbres me voient passer avec toi, tout ce que j'ai connu sans toi, ces arbres, ces allées, me voient passer à ton bras.
Je suis si contente d'être avec toi, au grand jour.

22. *Entretien imaginaire.*

ACTRICE (qui joue Nuria).
Ne trouvez-vous pas, Olmo,
ai-je dit-je à Olmo Panero, dans le café où nous nous retrouvons après la répétition,
que je manque d'insolence ?
Dans la première robe des Goya, j'aimerais apparaître avec insolence,
comme les actrices américaines autrefois dans les cabarets, quand elles jouaient des gitanes ou des poules mexicaines,

cette morgue du corps que vous avez vous les Espagnols,
je manque d'abattage,
je manque d'impudeur,
je suis gentillette, sans surprise,
je suis la comédienne honnête qu'on engage les yeux fermés.
Vous ne répondez pas,
votre silence, ai-je dit Olmo, peut signifier deux choses :
ou bien vous ne comprenez pas le français,
vous hochez pour donner le change mais vous ne comprenez rien à ce qu'on vous dit
(je penche pour cette interprétation),
ou bien vous partagez mon analyse,
vous la partagez tellement que vous n'avez même pas la force d'opposer une résistance de pure forme.
Toutefois, ai-je ajouté,
laisser une femme se dénigrer sans la contre-dire, traduit un curieux manque de savoir-vivre chez un homme qui vient d'un pays où,
il y a peu,
vous jetiez vos capes dans les caniveaux pour

que nous puissions traverser les rues sans nous mouiller les pieds.

23. *Pièce espagnole.*

Fernan et Mariano.
Au balcon. (Même situation que 17.)

MARIANO. Le théâtre, non. La littérature classique, oui. Je me détruis quand je ne bois pas. Et non le contraire. Je bois pour ne pas me détruire. Boire me tient ensemble, voyez-vous. Boire me colmate. Les classiques, oui. Le mot juste. La phrase qui ne peut pas être remplacée par une autre, oui. Ça n'existe plus aujourd'hui. Les maths non plus. L'arithmétique, la géométrie élémentaire n'existent plus. Les gosses ont les calculatrices, ils apprennent les recettes types. L'exercice de la pensée, terminé. La recherche de l'exactitude, l'élégance, la clarté de l'expression, c'est mort tout ça.

Jusqu'à l'âge de dix-huit ans, je voulais être moine. Ma femme ne réussit pas à *percer* dans son métier, comme on dit. Est-ce qu'elle a du talent ? Je ne sais pas. Je ne sais pas, à vrai dire, si elle a le moindre talent. C'est possible. Sa sœur, qui a commencé après, a eu un succès immédiat. A sa place j'aurais arrêté. Elle continue. Elle s'acharne. Qu'est-ce que je peux faire ? Elle est neurasthénique. Elle a voulu refaire l'appartement. Les femmes veulent changer les choses, on ne sait pas pourquoi. Elle s'occupe de la maison comme une femme neurasthénique. Elle me reproche de ne pas être riche, de vieillir sinistrement, elle crie, la petite se bouche les oreilles.

Fernan ne dit rien.
Ils terminent leur cigare.

24. Pièce espagnole.

Pilar, Nuria, Aurelia.
Chez Pilar. (Même situation que 13 et 15.)

Pilar arrive et pose une assiette de biscuits.

PILAR. Cristal est enceinte !

AURELIA. Tu n'aurais pas un pot d'eau chaude, le thé est complètement noir ?

PILAR. Si tu préfères que je me tienne en cuisine et que je ne réapparaisse pas, il faut me le dire.

AURELIA. Je ne sais pas où tu mets les choses, pourquoi tu te vexes ?

PILAR. Je ne me vexe pas, on ne me dit jamais rien, je suis toujours la dernière informée, de toute façon j'ai une nouvelle politique maintenant, je ne demande plus rien, je ne m'immisce plus, je suis juste surprise que Cristal, qui est la plus normale de vous trois ne m'ait rien dit, mais finalement plus rien ne me surprend.

NURIA. Tu ne veux même pas savoir comment on le trouve ?

PILAR. Comment vous trouvez qui ?

AURELIA. Fernan maman. Ton fiancé.

PILAR. Je ne veux rien savoir. Ce que vous pensez ne m'intéresse pas. Et ne parlez pas si fort, il est à côté.

NURIA. On le trouve sexy.

AURELIA. Oui.

PILAR. Votre avis ne m'intéresse pas.

NURIA. Il ne fait pas tellement plus jeune que toi.

AURELIA. Non.

PILAR. Ça m'est complètement égal.

NURIA. Peut-être pourrait-il se coiffer légèrement...

AURELIA. Plus en arrière... Je vais mettre de l'eau à bouillir. *(Elle sort en riant.)*

PILAR. Elle est enceinte depuis combien de temps ?

NURIA. Deux mois... Environ.

PILAR. Tu devrais mettre ta robe mauve de Cannes.

NURIA. Je trouverai maman, ne t'inquiète pas.

PILAR. Ce n'est pas grave de mettre la même robe deux fois, Sharon Stone le fait.

NURIA. Je verrai maman.

PILAR. Et laisse tes cheveux. Je suis sûre que Gary te préfère avec tes cheveux longs.

NURIA. Pourquoi tu dis Gary maman ? Tu ne le connais pas ! Pourquoi tu dis Gary !

PILAR. Je suis imperméable. Crie.

NURIA. Tu ne connais pas Gary Tilton ! Pourquoi tu dis Gary !

AURELIA *(revenant avec un pot d'eau chaude)*. Elle dit Gary ?

PILAR. Je dis Gary, et si ça ne vous plaît pas

c'est le même prix ! C'est un crime de dire Gary ?

AURELIA. Tu veux encore du thé maman ? Ne prends pas cette tête de victime, c'est infernal cette tête.

PILAR. Quand ta fille a fait la soupe de terre chez Pepo, tu étais au bord des larmes.

AURELIA. Quel rapport ?

PILAR. Elle t'a mis au bord des larmes à trois ans en te répondant, alors tu verras plus tard !

NURIA. Tu as rencontré ses enfants ?

PILAR. Quels enfants ?

NURIA. Les enfants de Fernan !

PILAR. Le fils. Qui est charmant.

AURELIA. Pas la fille ?

PILAR. Pas encore.

NURIA. Il fait quoi le fils ?

PILAR. Ça ne te regarde pas.

NURIA. Ah bon ?

PILAR. Ça ne te regarde pas. Vous, il faut chuchoter votre vie, moi je dois étaler la mienne. Eh bien non tu vois.

AURELIA. Il est facteur.

NURIA. Il est facteur ?

PILAR. Pensez ce que vous voulez.

AURELIA. Maman c'est grotesque, tu me l'as dit.

NURIA. Facteur, j'aime beaucoup.

PILAR. Il n'est absolument pas facteur.

NURIA. Qu'est-ce qu'il est ?

PILAR. En tout cas pas facteur.

NURIA. C'est dommage.

PILAR. Si tu le dis.

AURELIA. Qu'est-ce qu'elle est chiante !

PILAR. De qui tu parles ? Tu parles de moi !

AURELIA. Oui, tu es chiante maman !

Pilar gifle Aurelia.

AURELIA. Elle est complètement hystérique !

PILAR. Moins que toi.

NURIA. Bon, moi ces scènes me tuent, je m'en vais ! Je viens ici trois fois par an et trois fois par an il y a un drame !

AURELIA. Tu la laisses me gifler sans prendre ma défense ? Casse-toi !

NURIA. Pour moi vous êtes folles toutes les deux.

Arrivent Mariano et Fernan.

MARIANO. Qu'est-ce qui se passe ?

FERNAN. Qu'est-ce qui se passe Pili ?

MARIANO *(à Nuria)*. Tu pars ?

PILAR. Elles me traitent mal Fernan.

AURELIA. Elle m'a giflée.

NURIA. Avoue que tu le cherches maman aussi.

PILAR. Mes filles me traînent dans la boue.

MARIANO. Elle t'a giflée pourquoi ?

AURELIA. Qu'est-ce que ça peut faire ? Ça ne te suffit pas qu'à quarante ans passés, je sois giflée par ma mère ?

NURIA. Elle lui a dit qu'elle était chiante.

PILAR. Elle a dit, qu'est-ce qu'elle est chiante.

FERNAN. Vous ne pouvez pas parler comme ça à votre maman. Elle n'a pas votre âge, c'est votre maman.

AURELIA. Vous avez raison Fernan, mais pour moi elle n'a pas d'âge, d'ailleurs elle s'applique à ne pas avoir d'âge.

FERNAN. Et elle réussit très bien. Tu réussis très bien ma Pili.

NURIA. Excusez-moi Fernan, c'est assez gênant ces effusions devant nous.

AURELIA. Au moins, il prend sa défense.

MARIANO. Contrairement à ton mari, qui en

profite pour s'en jeter un énième. *(A Nuria.)* Reste, s'il te plaît.

AURELIA. Personne ne me protège jamais.

MARIANO. Pourquoi veux-tu être protégée ? Qui est protégé ? Ça n'existe pas ça.

FERNAN. Je tiens à dire, je tiens à dire que je n'ai pas l'intention de me réfréner en quoi que ce soit, je veux être moi-même avec Pilar, y compris me comporter en tourtereau si l'envie m'en prend, l'horizon est trop court dorénavant pour que je m'emmerde avec le conformisme.

MARIANO. Evidemment !

AURELIA. Evidemment quoi ?

PILAR *(à Fernan)*. Cristal est enceinte.

MARIANO. Cristal est enceinte ? De son amant ?

PILAR. De son amant ! Elle a un amant ?

AURELIA *(à Mariano)*. Bravo.

PILAR. Cristal a un amant ?

NURIA. Mais non.

PILAR. Mariano, j'exige la vérité.

MARIANO. Je plaisantais.

PILAR. Elle t'a dit bravo, donc c'est vrai, ne me prenez pas pour une gourde.

AURELIA. Cristal a pris un amant, et on ne sait pas de qui est l'enfant.

PILAR. Je suis damnée.

NURIA. Quand on voit les enfants qu'elle a fait avec Anibal, remarque.

MARIANO. C'est vrai !

AURELIA. Ils sont très beaux.

PILAR. Très beaux.

NURIA. C'est bizarre cette manie de trouver tous les enfants beaux, il y en a des laids.

PILAR. Les enfants de Cristal sont beaux.

NURIA. Les enfants de Cristal sont laids. Ils sont gros, ils ont le nez aplati d'Anibal.

MARIANO. Et son haleine. *(Nuria rit.)*

PILAR. C'est très déplacé Mariano.

AURELIA. Oui, c'est vraiment déplacé.

MARIANO. C'est déplacé. Pardon Fernan.

PILAR. Tu ne dis plus rien mon chéri.

MARIANO. Il est atterré par nous.

PILAR. Il y a de quoi. Je suis atterrée moi aussi.

FERNAN. Je suis triste. Tout ça est triste. Je trouve triste que votre sœur ait un amant. Je suis triste que les choses aient si peu de consistance. Le temps file au jour le jour, on peut se moquer de tout. Je suis encore de la vieille école.

AURELIA. Vous n'êtes pas de la vieille école Fernan, vous êtes d'une école enviable qui suppose que l'existence mène quelque part, vous êtes mal tombé chez nous.

MARIANO. Chez nous, elle dit chez nous, quel chez nous ? Comme si le pauvre garçon s'embarquait pour un enchaînement de raouts

100

familiaux. Nous nous voyons dans cette configuration deux fois par an Fernan, la réunion d'aujourd'hui, en votre honneur, même pas deux fois par an, vous n'avez absolument pas à vous en faire.

PILAR *(à Fernan)*. Je te l'avais dit.

FERNAN. Vous ne fêtez même pas Noël je sais.

NURIA. Ni Noël, ni rien. Nous ne savons pas créer une atmosphère de fête, chez nous, il a raison relativisons le chez nous, ce qu'on appelle une fête vire aussitôt à la catastrophe, nous sommes des gens d'une grande nervosité vous l'avez noté, nous sommes vite exaspérés, n'importe quoi peut nous exaspérer, même une guirlande, même un cake surgelé, nous ne sommes pas assez heureux peut-être d'une façon générale pour nous tenir gaiement ensemble, nous ne savons pas créer une atmosphère légère, nous ne savons pas nous détendre, nous ne connaissons pas ce mot, nous n'avons jamais été *détendus*, je veux dire lorsque nous sommes ensemble, en famille, il n'y a aucun repos, on finit toujours exténués, à bout, je suis complètement à bout par exemple, et tout le monde est à bout ici, même vous, c'est évident vous êtes à bout Fernan, et pourtant ce n'est pas votre nature, vous êtes venu gentiment nous rencontrer mais nous n'avons pas su maintenir les apparences les plus élémentaires, nous ne savons même pas maintenir les apparences parce que nous ne sommes pas assez heureux sans doute quand nous arrivons, pour maintenir les apparences les plus élémentaires, on s'en fout.

Silence.
Nuria ramasse ses affaires pour partir.

MARIANO. Reste, reste encore un peu, je t'en prie.

AURELIA. Pourquoi veux-tu qu'elle reste ? Si elle veut partir, laisse-la partir.

MARIANO. On ne va pas laisser cette bouteille toute seule, ouvrons cette bouteille, non ?

NURIA. Vas-y.

AURELIA. Tu as des copies à corriger ce soir Mariano.

MARIANO. Et alors ? Tu conduiras, je dormirai un peu dans la voiture et je serai impeccable en arrivant.

FERNAN. Où habitez-vous ?

AURELIA. Santafina.

FERNAN. C'est joli par là.

MARIANO. C'est horrible. Avant, c'était pauvre et beau. Maintenant c'est pauvre et laid. Maintenant que les pauvres deviennent un peu riches.

Il débouche le champagne et remplit les verres.

PILAR. Pas moi.

AURELIA. Ni moi !

Nuria, Fernan et Mariano boivent.
Pilar et Aurelia restent drapées dans l'hostilité.

103

FERNAN. Vous n'êtes pas heureuse Nuria, avec le succès que vous avez ? *(Nuria rit.)* Je dis une bêtise ?

PILAR. Tu ne dis pas une bêtise.

FERNAN. Je vois bien que je dis une bêtise.

NURIA *(riant)*. Non !...

FERNAN. Je dis une bêtise sûrement, mais je n'ai aucun contact avec ce monde, je ne connais pas les vedettes, enfin je veux dire les artistes, vous devez le comprendre...

AURELIA. Vous n'avez pas à vous justifier Fernan !

FERNAN. Les gens comme moi nous apprécions le succès voyez-vous, nous le considérons comme une gratification, même si en avançant en âge et en expérience on finit quand même par être blindé, on n'a jamais envie de perdre la partie, en vingt ans voyez-vous Nuria, mettons, je ne compare pas naturellement mais un tailleur parle de ses ciseaux, sur une cinquantaine d'immeubles dont j'avais la charge, j'ai

dû en perdre trois, ce qui n'est rien compte
tenu du cours de la vie et de l'usure du pouvoir,
à chaque réélection j'ai été, j'ose le dire, *heureux*
d'être reconduit, on ne peut pas imaginer le
contraire, il n'y a pas que la dimension écono-
mique, il y a la dimension personnelle, comme
chez vous, toute proportion gardée, je n'ai pas
la folie de comparer votre succès et le nôtre,
j'ai toujours été heureux d'être plébiscité par la
clientèle, savez-vous que le mandat électif du
syndic est le plus court de tous les mandats
électifs en Espagne, chaque année le syndic
remet en jeu son mandat et ses honoraires, s'il
n'est pas réélu, il perd un client, de l'argent, la
confiance du patron, la face, vous savez il n'y
a rien que les gens détestent plus que d'ouvrir
leur porte-monnaie, déjà pour les affaires cou-
rantes a fortiori pour honorer leur syndic, dans
notre métier la concurrence est farouche, com-
bien préfèrent sous-payer leur syndic et renon-
cer à la qualité de la prestation, il n'est pas
facile de faire admettre le rapport qualité prix,
être réélu c'est avoir enjambé tous les obstacles,
même l'inertie voyez-vous Mariano, l'inertie de
la clientèle que je considère personnellement

105

comme un obstacle car l'inertie peut se retourner contre nous, regardez les hommes politiques, balayés par l'abstention, être réélu c'est avoir entretenu la confiance contre vents et marées, à la longue il n'y a pas de hasard, vous engagez votre vie dans une direction et on vous dit que cette direction est la bonne, que la place que vous avez choisi d'occuper parmi les hommes est juste, je vois là, pardonnez-moi, même si je ne compare pas, à la fois succès et consolation, succès et consolation mêlés, être reconnu pour ce qu'on veut être vous rend le monde moins hostile, je dis peut-être une bêtise mais on ne peut pas avoir tort d'être heureux, même pour pas grand-chose, pour une victoire minuscule, je ne compare pas, qui est quand même une victoire sur l'obscurité, l'inutilité, le temps qui passe et nous rejette dans le rien, Pili, vas-tu me gronder pour ce débordement ?

PILAR. Est-ce que j'ai été une mauvaise mère pour vous ?

AURELIA. Ah voilà, ça recommence, ça me reprend, Mariano, ça recommence !

MARIANO. Respire en quatre temps.

PILAR. Qu'est-ce qu'elle a ?

AURELIA. Je me dissous.

NURIA. Tu te dissous ?

MARIANO. Elle se dissout comme un cachet.

PILAR. Comment ça ?

AURELIA. Et après le sol se dérobe, je vais tomber, je vais tomber !

MARIANO. Respire, respire !

AURELIA. Le sol glisse !

MARIANO. Mais non !

AURELIA. Je me dissous !

NURIA. Tu ne te dissous pas !

AURELIA. Retiens-moi !

PILAR. Mais qu'est-ce qu'elle a ? C'est quoi ?

NURIA. Une crise d'angoisse maman !

PILAR. Une crise d'angoisse, pour quelle raison ?

NURIA. Peu importe !

AURELIA. Ma vie n'a aucun relief, aucun relief, le temps est vide...

MARIANO. Respire.

AURELIA. Regarde-toi mon pauvre amour, tu as une tête cadavérique, tu veux la paix, tu veux qu'on te foute la paix, tu n'aspires qu'à l'immobilité, notre appartement a coûté dix fois trop cher, je le hais, le sol glisse !...

NURIA. Je te tiens.

AURELIA. Tout est moche, les prises sont de travers, les éclairages, les peintures, le plancher, tout est moche ! On ne fait rien de bien, tout ce qu'on fait est raté et ne sert à rien, et le temps passe, pas seulement *passe* comme on dit avec cette fatalité mièvre, on dit le temps passe et je vois des feuilles mortes planant dans l'air, le monde se plie à cette amertume, et l'automne ! et l'hiver ! et le printemps ! moi le temps me fout en l'air, me démolit, le temps me démolit, il est trop tard, je ne ferai rien de ma vie.

FERNAN. Mais vous êtes jeune !

AURELIA. Non, non, non, je ne peux pas laisser dire que je suis jeune !

PILAR. Tu es quoi alors ? Qu'est-ce que tu es ? J'en ai assez d'entendre des idioties, vous allez finir par me rendre vraiment folle !

FERNAN. Pili, Pili.

PILAR. Elles vont finir par rendre folle une femme qui a toujours été la plus équilibrée !

NURIA *(à Fernan)*. Si vous pouviez lui dire de ne pas tout ramener à elle.

AURELIA. J'ai une crise de panique et c'est elle qui devient folle !

PILAR. Oh Fernan ! C'est la pire après-midi possible, je suis si déçue que ça se passe comme ça !

MARIANO *(fouillant dans le sac d'Aurelia)*. Il est enchanté, il échappe à l'ennui mortel, vous êtes au théâtre Fernan, vous qui aimez le théâtre, où est le valium ?

PILAR. Tu prends du valium ?

AURELIA. Je m'en gave. *(Elle trouve dans son sac la boîte de valium.)*

MARIANO. Un joli petit couple. Un poivrot et une droguée.

NURIA. Et si tu laissais tomber l'ironie de temps en temps ? C'est tellement chiant cette auto-dérision permanente. Tiens, donne-m'en un aussi. *(Elle avale le comprimé avec le champagne.)*

AURELIA. Ça passe. Ça tangue encore mais je ne me désintègre plus. Coupe-moi une tranche de cake.

MARIANO. Le cake infâme ?

AURELIA. Il faut que je mange. Il faut que j'ingère quelque chose. Ça y est, elle chiale.

FERNAN. Ça suffit maintenant ! Moi aussi je pourrais sortir de mes gonds !

AURELIA. Ne vous gênez pas, allez-y, sortez de vos gonds.

NURIA. Maman ne pleure pas, ne sois pas en sucre s'il te plaît !

FERNAN. Elle n'est pas en sucre, elle pleure parce que vous la faites pleurer, elle pleure de façon éminemment légitime si vous voulez mon avis, je ne comprends pas ce plaisir à blesser un être qui ne ferait pas de mal à une mouche.

NURIA. Il n'y a rien de pire que les gens qui ne feraient pas de mal à une mouche, les gens qui se prennent de pitié pour les inoffensifs peuvent au contraire vous faire le plus grand mal.

FERNAN. Quel mal elle vous fait ?

PILAR. Oui, quel mal je vous fais ?

Le portable de Nuria sonne dans son sac.

NURIA *(s'écartant pour parler à voix basse)*. I'm coming, I'm leaving right now... I'll tell you... No... O.K.

(Après un silence où elle ramasse à nouveau ses affaires ; à Pilar.) Je ne crois pas qu'on puisse répondre à cette question...

25. Interview imaginaire.

ACTRICE (qui joue Nuria).
A la fin, Sonia Alexandrovna dit à l'homme qui ne la regarde même pas,
mais quand nous reverrons-nous ?
l'homme répond, pas avant l'été, je pense,
en hiver, ce ne sera guère possible...
L'homme habite, j'imagine, de l'autre côté de la forêt,
en hiver,
en ce temps-là,
il y a le froid, la neige, les nuits infranchissables.
Alors,
pense-t-elle,
je verrai seule les fleurs sur les branches des amandiers,

112

et puis je verrai seule les fleurs voler et blanchir
le sol.
Un homme quitte la scène et s'en va pour une
longue étendue de temps.
Et celui qui reste,
reste pour une longue étendue de temps.
Quand je prenais des cours de théâtre, on nous
disait, tu es une pomme, tu es le vent, tu es le
rire,
c'était il y a longtemps,
je ne me posais pas de question,
je faisais la chaise, l'eau, le moustique,
je faisais le rouge, le jaune,
le près,
le loin,
je pouvais aussi faire tu existes
et tu n'existes pas,
je pouvais ne plus rien aimer et faire l'aridité
du monde...
On trouve cette phrase dans une lettre de
Tchékhov à Olga Knipper : tu es d'une froi-
deur infernale, comme, en fait, doit l'être une
actrice.

26. Pièce espagnole.

Dehors. Dans le parc.
Pilar et Fernan, sur un banc.

PILAR. Je croise Feta Nannini, dans la queue de
la boulangerie, qui me félicite, la boulangère
me félicite, je vais chercher mon linge chez
Tuya qui me félicite, partout on me félicite.
Tuya me dit, je savais que Nuria aurait le prix.
Qu'est-ce qu'elle peut savoir ? Qu'est-ce qu'elle
connaît au cinéma ? Les gens s'accaparent les
événements. J'ai dit vous avez de la chance
Tuya parce que nous on ne savait rien du tout.
Tout le monde me demande si elle est avec
Gary Tilton, je réponds que je n'ai pas le droit
de le dire, ça fait plus au courant. Pourquoi ça
doit rester un tel mystère ? Je devrais être heu-
reuse et je ne suis pas heureuse. Cristal a trouvé
qu'elle n'aurait pas dû remettre la robe de Can-
nes et qu'elle était trop maquillée, venant de

114

Cristal ça ne veut rien dire, remarque si elle a un amant peut-être qu'elle s'arrange un peu, elle m'a annoncé qu'elle était enceinte, je n'ai pas dit que je le savais mais j'ai failli demander de qui, figure-toi. Aucune nouvelle d'Aurelia. Tu leur sacrifies la plus grande partie de ta vie et un jour tu n'es plus personne, mais vraiment plus personne. Tu me trouves encore belle ? Je sais que tu me l'as dit mais il faut me le dire à nouveau, il faut me le dire parce que je sais que ce n'est plus la vérité.

FERNAN. Tu es belle.

PILAR. A côté des filles, j'ai l'air d'une pomme fripée ?

FERNAN. Tu es plus attirante que tes filles.

PILAR. Tu exagères.

FERNAN. Tu es plus fraîche que tes filles.

PILAR. Plus fraîche ?... Tant mieux. J'ai toujours mené une vie saine. Il fait beau mais le parc est triste. Je n'aime pas l'hiver. Crois-tu que des beaux jours m'attendent encore ?

FERNAN. Les beaux jours dépendent de nous.

PILAR. Est-ce qu'il n'est pas trop tard ?

FERNAN. Pili, ce n'est ni d'herbe, ni d'arbre ni de buisson dont tu as besoin aujourd'hui. Une idée fulgurante : allons rue Vélasquez acheter la cape réversible à col de renard.

PILAR. Elle fait trop autrichienne.

FERNAN. Quelle importance ?

PILAR. Tu ne trouves pas qu'elle fait trop autrichienne ?

FERNAN. Si tu l'aimes.

PILAR. Je l'aime mais je n'oserai pas la porter.

FERNAN. Alors autre chose, ce qui te fera plaisir. Je me sens d'humeur à dépenser, j'en ai marre de ces moineaux, nous voulons du bruit, des voitures et des vitrines.

PILAR. J'ai mal aux pieds.

FERNAN. Achetons des chaussures.

PILAR. Des chaussures plates ?

FERNAN. Des chaussures plates, c'est mieux pour marcher sur des graviers.

PILAR. Je te tire en arrière. Je te freine mon amour.

FERNAN. Aucune femme n'est en mesure de me freiner.

PILAR. Tu es si jeune. Tu es si enthousiaste.

FERNAN. Nous sommes jeunes et enthousiastes et nous allons mener grand train, voudrais-tu m'épouser ?

PILAR. Qu'est-ce que tu dis Fernan ?... Répète-le, répète-le, je ne suis pas sûre d'avoir entendu...

27. *Monologue.*

ACTEUR (qui joue Mariano).
Aurelia
je me demande parfois comment nous finirons,

les sujets entre nous s'amenuisent,
ne sommes-nous pas certains jours comme
deux étrangers en fin de vie,
viens avec moi choisir mes lunettes,
aie pitié,
je ne veux pas devenir comme ces types que je
vois à la télévision, une cohorte de spectres,
cheveux de jais et hublots fous,
Pilar épouse le gérant d'immeuble,
ils se font des niches,
des coquineries dans les coins,
ils se bécotent entre les portes,
quand je serai un vieillard calamiteux,
si tu m'entraînes dans ton village d'Estréma-
dure danser un jour de fête,
je me jetterai du haut du kiosque,
à quoi rime une fin frétillante,
à quoi bon ces pantomimes de jeunesse.
Je bois trop.
Trop.
J'ai lu dans un livre que le cerveau humain
avait besoin de confusion et de pagaille,
il ne sort rien de bon de la clarté.
Sergio Morati m'a réservé une chambre atte-
nante à la sienne,

dans son asile,

quand il a su que sa femme le trompait, il a descendu une bouteille de vodka et s'est mis à genoux dans la rue en demandant aux voitures de l'écraser,

la dernière fois que je l'ai vu il disait que tout en roulant à 180 km/h sur l'autoroute, il avait été doublé par un lapin,

je t'assure, m'a-t-il dit, c'était un lièvre.

Ne me laisse pas seul, viens avec moi acheter les lunettes,

je voudrais encore avoir l'air de quelque chose devant la classe, surtout, à vrai dire, devant cette petite pute d'Axancha Mendès,

donne-moi un coup de main Aurelia,

recompose ton petit mari,

je ne suis pas si mal quand même pour cinquante ans.

Vous gagneriez à tuer vos personnages Olmo, avant qu'ils se délitent,

finissent aussi lamentablement que les gens réels,

chacun dans son coin,

mourant à petit feu,

avec des rêves cons,

119

abandonnés en route
comme des pelures,
des rêves cons,
et puis plus de rêve du tout.
Vous ne serez pas longtemps respecté si vous
n'usez pas de votre droit de vie ou de mort,
vous avez tout à perdre à être compatissant,
tôt ou tard il faudra vous montrer plus radical
mon petit Olmo.

28. Pièce espagnole.

Aurelia.

AURELIA. *Chaque mardi, j'ai traversé le fleuve
pour venir chez vous
je l'ai traversé pour venir et aussi pour repartir,
au retour souvent je me suis penchée pour
regarder l'eau,
les débris mélancoliques,
ou les vagues étincelantes du soir,*

120

*il y a une certaine lumière le soir qui purifie
le cœur,
les éléments vous viennent en aide sans qu'on
sache comment.
Je me suis présentée à vous sans rien espérer.
J'attendais pourtant quelque chose, comme on
attend de la vie,
dès qu'on fait un pas dehors,
tout le monde attend de la vie quelque chose
qui n'est pas nommé et qu'on ne sait pas,
une sorte d'atténuation de la solitude, sous
n'importe quelle forme,
une place même austère,
un privilège à soi.
Voulez-vous bien, puisque c'est notre dernière
fois, que je vous joue ce Prélude ?
Ceci est mon va-tout monsieur Kiš,
je vais le jouer comme je vous l'ai expliqué,
pas de paroles,
ni d'images,
vous allez vous lever,
vous retourner, et me regarder,
vous trouverez chez moi non pas la résignation
que mon allure, mon manteau plié sagement*

121

sur la chaise, et mon cartable de partitions tra-
hissent,
vous trouverez
un chagrin sans pitié
et une amorce de joie,
levez-vous,
n'ayez pas peur,
je ne veux pas être aimée pour de vrai.

Mademoiselle Wurtz s'assoit et joue le Prélude
n° 5 de Mendelssohn.

Une pièce espagnole

Création mondiale à Paris,
au Théâtre de la Madeleine,
le 20 janvier 2004

Mise en scène : Luc Bondy

Assistants à la mise en scène :
Marie-Louise Bischofberger,
Jeff Layton

Décors : Gilles Aillaud et Titina Maselli

Collaboration aux décors : Bernard Michel

Lumières : Dominique Bruguière

Costumes : Titina Maselli

Distribution :
NURIA : Marianne Denicourt
FERNAN : Thierry Fortineau
MARIANO : André Marcon
PILAR : Bulle Ogier
AURELIA : Dominique Reymond

DU MÊME AUTEUR

Composition I.G.S. - Charente Photogravure
et impression Bussière Camedan Imprimeries
en décembre 2003.

N° d'édition : 22146. – N° d'impression : 035761/1.
Dépôt légal : janvier 2004.
Imprimé en France.